MARIE-CAROLINE

AUGUSTE DE BOURBON

DUCHESSE

D'AUMALE

MARIE-CAROLINE

AUGUSTE DE BOURBON

DUCHESSE

D'AUMALE

1822 — 1869

MDCCCLXX

Les pages qui suivent
ont déjà paru dans
le *Journal des Débats*
(du 23 décembre 1869). Je les
avais écrites pour le public,
quinze jours environ après la
mort de Madame la duchesse
d'Aumale, dont j'avais essayé,
trop incomplétement, de re-
produire la douce et expres-
sive physionomie.

Toutefois, dans cette grande
publicité à laquelle je m'adres-
sais, il est un suffrage que
j'avais surtout à cœur. Je l'ai
obtenu.

Le duc d'Aumale a désiré que ces pages fussent conservées pour lui, pour sa famille, pour quelques amis. C'est pour répondre à son désir que je les ai fait réimprimer sous une forme plus durable.

D'autres, après lui, qui avaient eu l'honneur de connaître Madame la duchesse d'Aumale, ont bien voulu me tenir compte du seul mérite qu'une si imparfaite ébauche pût avoir, la ressemblance.

CUVILLIER-FLEURY,
de l'Académie Française.

Paris-Passy, le 16 janvier 1870.

MADAME LA DUCHESSE
D'AUMALE

MADAME

LA

DUCHESSE D'AUMALE.

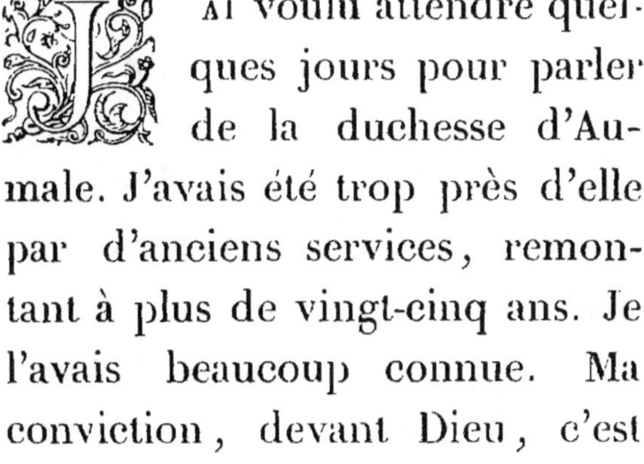

'AI voulu attendre quelques jours pour parler de la duchesse d'Aumale. J'avais été trop près d'elle par d'anciens services, remontant à plus de vingt-cinq ans. Je l'avais beaucoup connue. Ma conviction, devant Dieu, c'est qu'il n'y avait que du bien à en dire. Mais ma douleur était profonde. Il fallait d'abord à ce sentiment, qui a été si promptement celui de tout le monde, d'autres organes que le mien. Ils n'ont pas manqué en France, en Angleterre, en Italie, en Allemagne, partout où son destin si changeant l'avait conduite. Des feuilles d'allure légère ont trouvé, à Paris même, pour la louer et pour la plaindre, des accents inspirés par une émotion touchante.

Je recueille aujourd'hui, dans une heure plus calme, quelques souvenirs qui se rapportent à cette princesse. Je ne raconte pas. Je rappelle seulement quelques impressions dont elle était l'objet et que ma mémoire a fidèlement

gardées, comme un reflet durable de cette douce image. Sa vie,
elle ne l'a jamais séparée de ceux
qu'elle aimait, ni de sa famille,
ni du prince son mari. C'est dans
ce milieu sympathique et multi-
ple qu'on devrait l'étudier pour
la bien connaître ; il y faudrait
un long récit. Disons plutôt ce
que nous savions de sa personne
morale, de son caractère, de ses
vertus, celles dont sa fierté délicate concentrait le culte au fond
de son cœur, et celles que son
dévouement naïf et courageux
laissait éclater aux yeux de tous :
— délicatesse du sens intime, ar-
deur dans l'abnégation, toute la
duchesse d'Aumale est là.

I

Marie-Caroline-Auguste de Bourbon, fille de Léopold, prince de Salerne, et de Marie-Clémentine, archiduchesse d'Autriche, était née le 26 avril 1822, à l'époque de la plus haute fortune de sa double famille, les Bourbons de Naples, les Césars de Vienne. Son enfance et sa première jeunesse s'étaient tranquillement écoulées, tantôt dans cette dernière ville, au sein d'une cour encore toute remplie du souvenir de Marie-Thérèse, tantôt sous ce beau ciel d'Italie et en face de cette poétique mer où la jeune princesse vit arriver un jour, — c'était en octobre 1843, — la frégate qui portait le duc d'Aumale. Le prince français venait demander la main de sa jeune cousine ; puis il repartait pour l'Afrique, afin de la mériter. Il revint un an plus tard. Dans l'intervalle, il avait pris la Smalah d'Ab-el-Kader.

Le mariage fut célébré à Naples le 25 novembre 1844, en présence du roi et de toute sa famille. Quelques jours après, la duchesse d'Aumale arrivait au palais des Tuileries, où elle prenait rang au milieu des filles et des belles-filles du roi Louis-Philippe, groupe auguste et charmant qui devait être, hélas ! sitôt dispersé par la révolution, la proscription et la mort.

La duchesse d'Aumale, nièce de l'impératrice Marie-Louise et petite-nièce de notre Marie-Antoinette par sa mère, était, du côté de son père, la propre nièce de la reine des Français, Marie-Amélie. On eût pu croire qu'elle était sa fille. La reine suivait ces premiers pas de la jeune duchesse dans un monde si nouveau pour elle, avec cette tendresse attentive et inquiète que semblait justifier son inexpérience. Elle fut bientôt rassurée. La duchesse d'Aumale était une âme saine, un cœur droit, un esprit sensé et cultivé. Elle suffisait à tous les devoirs de sa nouvelle position, plutôt disposée à les exagérer qu'à les méconnaître. Calme parmi les plaisirs du monde, ardente aux joies de la vie intime, elle prenait naturellement sa place dans cette famille que les félicités intérieures consolaient de tant d'amertumes publiques. Ces souffrances même, elle les portait légèrement, comme une sorte d'inévitable rançon de la grandeur. Non qu'elle fût étrangère à tout souci politique, ou qu'elle affectât l'indifférence frivole des esprits étroits pour les questions d'intérêt général. Elle avait plutôt cette modestie qui aime à se laisser diriger et con-

duire, par une main prudente,
dans des voies inconnues.

En toute chose, et quelle que
fût la sensibilité de la jeune duchesse sur plus d'une question
réservée par sa conscience et sa
foi, — le duc d'Aumale était son
guide. Elle voyait par les yeux du
prince. Elle épousait ses idées,
ses amitiés, sa passion de gloire
militaire, ses goûts et ses senti-
ments si énergiquement français.
En très-peu de temps elle était devenue une Française accomplie.
Elle s'en vantait, réservant à la
douce patrie de son enfance de
tendres et discrets souvenirs.
Mais, fille de France, elle avait
voulu l'être. Son éducation, diri-
gée par une mère intelligente et

prévoyante, n'y avait pas nui.
Elle parlait et elle écrivait la langue de son pays d'adoption avec
une distinction rare. Elle savait
à merveille l'italien et l'allemand,
ses langues natales. Elle avait très-
vite appris l'anglais. A cette instruction si peu commune et si
utile, au goût de la lecture, qui
était son occupation favorite, elle
joignait le culte des arts d'agré-
ment. Musicienne excellente et
toujours prête, son talent facile
devait être plus tard, pour elle et
le prince son mari, le charme de
ces longues soirées d'hiver que
l'exil leur réservait. Le prince
écrivait ou s'occupait de ses beaux
livres ; la princesse jouait du
piano. Quand il avait fini son

travail, elle copiait, de son écriture élégante et nette, les œuvres de son mari. Ces copies, celle d'*Alésia*, celle de l'*Histoire des princes de Condé*, quelques autres encore, sont tout entières de sa main.

II

UAND la révolution de
février 1848 éclata, la
duchesse d'Aumale avait
déjà montré, en plus d'une ren-
contre, comment elle saurait sou-
tenir, si le sort lui restait fidèle,
cette délicate épreuve d'une
haute fortune et d'une situation
importante dans le pays qui
l'adoptait. Lorsqu'elle présidait,
dans les galeries ou dans les
jardins de Chantilly, à ces brillantes fêtes qui semblaient con-
tinuer la royale hospitalité des

Condé; — ou quand, plus tard, elle rassemblait, dans les salons du prince gouverneur général de l'Algérie, une société toute remplie d'inévitables contrastes, qu'elle charmait et dominait par sa douceur et sa bonne grâce, la duchesse d'Aumale se montrait doublement à la hauteur de son grand rôle. On cite volontiers le poëte Horace qui recommande la modération dans la bonne fortune comme une vertu presque égale à la résignation dans la mauvaise, *non secùs in bonis*[1].... Parlons franchement : ce qui est difficile à supporter, est-ce le bonheur? « On ne tumbe pas de toute haulteur, dit Montaigne; il

1. *Carm.*, II, 3.

en est plus, desquelles on peult
descendre sans tumber » ; et
j'aime aussi beaucoup ce mot du
général Cavaignac, le jour où il
rentra dans la vie privée : « Je
ne suis pas tombé du pouvoir,
j'en descends. » Le jeune gouverneur de l'Afrique française, en
résignant sur un ordre, même
contestable, du gouvernement
que subissait alors son pays, le
commandement général des trou-
pes en Algérie, avait fait preuve
d'une abnégation non moins res-
pectable. Pourtant, quel trouble
imprévu dans la destinée de ces
jeunes princesses, qui toutes ap-
partenaient à des familles régnan-
tes, et qui, des degrés d'un trône,
le premier du monde, tombaient

dans l'exil! On a déjà remarqué
avec quelle dignité elles suppor-
tèrent un changement si cruel, et
ce sont les témoins mêmes de
leur vie sur le sol étranger qui
leur ont rendu récemment cette
justice. Mais l'Angleterre, par ses
plus sérieux organes, a beau être
juste : elle n'est pas la France.
Pour les princes français elle est
l'exil. L'exil! trouvez un mot,
dans la langue des hommes, qui
donne l'idée d'une plus poignante
douleur pour des cœurs patrio-
tes! Jouissances de la fortune,
charme de l'étude, douceur et
sécurité du repos continu, que
pouvez-vous pour en distraire sé-
rieusement l'âme généreuse qui,
de nos jours, en est atteinte?

III

Une telle douleur n'avait pour les princes français qu'une consolation possible, le bonheur dans la famille. Les belles-filles du Roi l'avaient compris. La duchesse d'Aumale voulut procurer au jeune compagnon de sa vie, aussi loin que son dévouement pouvait s'étendre, cette compensation délicate. Elle n'y mettait, je dois le dire, aucun effort. Elle aimait son mari avec passion. Il y a un beau livre sur l'*Amour dans le ma-*

riage. La religion du Christ, en
commandant la fidélité aux femmes
mariées, ne leur a pas dé-
fendu l'amour. Lady Russell[1] n'é-
tait pas une épouse plus tendre
et plus dévouée que la duchesse
d'Aumale. Et même qui pourrait
dire si cet exil ne se rachetait pas,
au fond de ce cœur aimant, par
le sentiment secret de l'impor-
tance accrue de sa tendresse? si
cette vie, devenue plus intime,
ne pardonnait pas à l'altière fortune sa rigueur persévérante? si
ces douces lueurs du foyer do-
mestique, plus recherché et plus
cultivé, n'avaient pas effacé, dans
son esprit, le souvenir de cet éclat

1. On sait que c'est le nom de l'héroïne
qu'a célébrée M. Guizot.

qui avait brillé sur les premières années de son mariage?

On se tromperait d'ailleurs si on supposait que le bonheur conjugal l'absorbait tout entière. Cette grande passion de sa vie dominait son âme, mais en laissant ouvertes, autour d'elle, toute sorte de voies faciles aux attachements de famille, aux solides amitiés, à la sociabilité bienveillante, à l'ingénieuse complaisance, à l'humanité, à la charité ; car elle était bonne chrétienne. Saint-Simon disait de la duchesse de Bourgogne : « La complaisance lui était naturelle, coulait de source. Elle en avait jusque pour sa cour.... » La cour d'exil de la duchesse d'Aumale, c'était ses

dames, celles qui l'avaient noble-
ment suivie, que la mort seule
a pu détacher d'elle; et c'est de
l'amitié véritable qu'elle leur montrait[1].

Elle n'aimait pas avec banalité;
il fallait, pour qu'elle donnât un
peu de son cœur, qu'on lui eût
d'abord inspiré estime et confiance. Elle avait une sorte de répul-
sion instinctive pour la flatterie,
même adroite, et elle aimait mieux
sentir en vous la rudesse que la
souplesse. Elle avait je ne sais quel
accent dans la voix qui vous don-

1. Comment ne pas nommer ici la première de ces dames, la comtesse de Coiffier,
que la princesse eut la douleur de perdre il
y a trois ans, et Mlle Berthe de Clinchamp,
qui l'entoura jusqu'à la mort de soins si
fidèles?

nait bien l'idée que, lorsqu'une fois elle vous avait assuré de son attachement, c'était pour la vie, et que si le lien devait être brisé, ce serait votre faute....

Si délicate que fût sa complexion physique, elle pouvait braver toutes les fatigues ; elle avait, comme son mari et ses deux fils, un certain goût, peut-être excessif, pour le danger. Je ne crois pas qu'il ait jamais existé une femme d'un aussi haut rang aussi peu esclave des délicatesses purement matérielles. En voyage, quels que fussent ou le gîte, ou la table, ou les moyens de transport, elle acceptait tout, non sans gaieté quelquefois, toujours sans plainte et sans repro-

che à qui que ce fût, souvent plus
attentive au bien-être de ses gens
qu'au sien propre, et même, pour
leur donner quelques heures de
congé, se passant de leur service;
humaine et charitable, bonne
d'une bonté naturelle et simple,
avec une grande politesse pour
les inférieurs, la politesse de Louis
XIV saluant une femme de cham-
bre, mais nullement pompeuse,
et que Saint-Simon n'eût pas
remarquée. Partout où elle avait
passé quelque temps, on la nom-
mait « la bonne duchesse »; et
elle qui a fait, hélas! un si grand
abus de ce qu'elle appelait, en
souriant, sa force physique, elle
s'inquiétait sans cesse de la santé
des autres, et prescrivait à tous le

repos qu'elle se refusait à elle-
même ; âme droite et vaillante,
aussi incapable de détour que de
sot orgueil, défendant ses amis
avec une véhémente amitié ; na-
ture plus noble encore que n'é-
tait sa race.

Je ne veux rien dire de son goût
pour ces *hardis exercices· du
sport anglais*, dont les journaux
de Londres l'ont si gratuitement
louée. Elle aimait la chasse à
courre uniquement parce que
son mari l'aimait, et c'est à son
exemple qu'elle maniait un che-
val de sang, d'une main aussi
sûre que légère. Quand il avait
fallu gravir, avec lui, les pentes
escarpées des plus hautes Alpes
et visiter les glaciers suspendus

au flanc des montagnes, elle
avait pris bravement sa part des
ascensions les plus périlleuses.
Voyages en Espagne, en Sicile,
en Orient; courses nombreuses
dans cette admirable Suisse où
son fils aîné avait complété son
éducation militaire; haltes pré-
férées en Belgique et en Allemagne dont les eaux bienfaisantes
avaient plus d'une fois raffermi
sa santé; brillantes réceptions à
Twickenham, auxquelles répon-
daient, sur tous les points du
Royaume-Uni, les courtoises invi-
tations des plus illustres familles
de l'Angleterre; séjour à Windsor,
chez cette reine d'un grand peu-
ple qui savait être une amie : telle
avait été, pendant près de vingt

ans, cette vie à deux dont une si intelligente activité ne remplissait pourtant que la moindre partie. Combien de temps leur était resté pour le repos dans la solitude, les relations de famille, les études, les lectures, les longs hivers au Norton [1], les visites des Français fidèles à d'anciennes affections et leur rapportant chaque année l'écho de la patrie! Combien de temps était resté aussi, tout autour d'eux, aux alarmes de tant de santés précieuses, menacées par l'âge et la maladie! Combien au malheur, au désespoir, à la mort!...

1. Le Wood-Norton est une propriété de campagne du duc d'Aumale, près d'Evesham, dans le Worcestershire.

IV

L a duchesse d'Aumale
ressentit jusqu'au fond
de ses entrailles le der-
nier de ces coups que la mort
avait frappé, avec une hâte si
impitoyable, sur un des plus bril-
lants rejetons de sa race, le fils
aîné de son mariage, le prince de
Condé, né à Saint-Cloud le 15 novembre 1845, décédé à Sydney,
en Australie, le 24 mai 1866.

Tout le monde a su les cir-
constances de cette mort que je
n'ai plus à raconter. Poussé par

un noble besoin d'action virile et
d'instruction pratique, le prince
de Condé avait entrepris, vers la
fin de 1865, un voyage d'explo-
ration lointaine qui fut, après
quelques mois, fatalement inter-
rompu. Lui aussi, ses forces l'a-
vaient trahi, non son courage.
Saisi par la fièvre typhoïde après
son arrivée à Sydney, il avait suc-
combé, loin des siens, presque
au début de cette grande destinée dont il avait le sentiment,
non l'orgueil, et où on eût dit
qu'il ne voulait entrer qu'en la
méritant. Tant de vaillance et
tant de malheur! Une si tendre
jeunesse, un cœur si ferme, une
âme si chrétienne, un esprit si
avide de voir et d'apprendre, et

une fin si prompte ! Il est plus facile de concevoir, après une telle
épreuve, le désespoir d'une mère
que de le peindre. Les humbles
plumes doivent s'arrêter où le
génie des maîtres eux-mêmes se
déclare impuissant et jette un
voile, comme le fit Timanthe
de Sicyone[1], sur l'inexprimable
douleur....

1. C. Plinii Hist. nat., XXXV, 36.

V

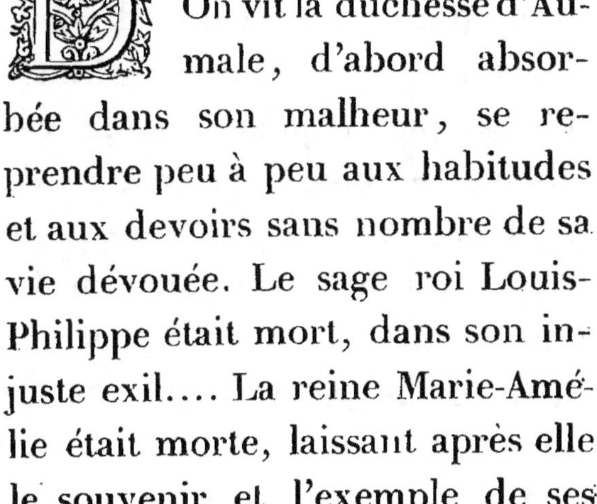

EUX ans se passèrent.
On vit la duchesse d'Au-
male, d'abord absor-
bée dans son malheur, se re-
prendre peu à peu aux habitudes
et aux devoirs sans nombre de sa
vie dévouée. Le sage roi Louis-
Philippe était mort, dans son in-
juste exil.... La reine Marie-Amélie était morte, laissant après elle
le souvenir et l'exemple de ses
grandes vertus. Claremont, le
centre attachant de deux géné-
rations de princes français, était

devenu désert. Le salon de la duchesse d'Aumale, à Twickenham,
s'offrait comme le rendez-vous
commun de cette royale famille
où l'union était un besoin de cœur
avant d'être un intérêt de situation. Orléans-house avait son rôle
tout tracé dans cette destinée
nouvelle. La duchesse d'Aumale
l'a rempli jusqu'au bout, avec
autant de bonne grâce que de
décision. Elle a gardé ce poste
important jusqu'au jour où les
forces lui ont manqué, et elle
n'en a été relevée que par la
mort.

Il y a un an, et à propos de
cette reprise d'activité qui avait
de nouveau entraîné sa vie, elle
eut occasion de s'ouvrir, en

toute confiance, à une dame
qu'elle honorait de son amitié,
et voici ce qu'en propres termes
elle lui dit : « Voyez-vous, ma
« chère, je veux renfermer cet
« affreux chagrin en moi-même
« et n'en laisser paraitre que le
« moins possible. Je veux qu'Au-
« male reprenne à la vie active.
« Mon pauvre Guise, si intelli-
« gent et si bon, ne doit pas être
« élevé dans le deuil et la tris-
« tesse. Toute cette jeune généra-
« tion qui nous entoure compte
« sur moi, compte sur nous,
« comme centre de réunion et
« de famille. Je ne leur ferai pas
« défaut. Mais, ma chère, ajouta-
« t-elle en baissant la voix qui
« ne perdit rien de son acuité

« pénétrante, — je me suis fait
« comme un sanctuaire secret où
« je revois mon pauvre enfant, et
« où je le sens là, là (elle mon-
« trait son cœur).... Si longue
« que puisse être ma vie, ce sera
« si peu de chose, et je suis si
« sûre que je le reverrai!... Il
« faut que je travaille à me ren-
« dre digne de la place qu'il me
« garde; car mon fils était un
« saint!... »

J'étais à Bruxelles, en même
temps que Madame la duchesse
d'Aumale, quand ces paroles me
furent rapportées. Je les trouvai
si belles, que j'en pris note sur-
le-champ. Elles me donnaient la
raison de bien des choses. Elles
m'expliquaient la vie de la prin-

cesse, telle qu'elle l'avait voulu faire dans ce passage qui fut si rapide entre la mort de son fils et la sienne. Elles faisaient comprendre sa vie. Elles expliquent encore mieux sa mort si résignée, si calme, si radieuse de sainte espérance et de maternelle extase. Ces yeux mourants, fixés sur le prince, avaient gardé la flamme de l'inextinguible amour. Aux survivants chéris, prosternés au-près de son lit de mort (le 6 décembre), à sa mère, à son fils, à son mari bien-aimé, elle semblait dire, après que sa voix avait expiré sur ses lèvres : « Je vous quitte, vous, pour un temps; je vais le rejoindre, lui, pour toujours!... »

Toujours! que ce mot est grand lorsqu'il est le cri suprème d'une religieuse confiance, supérieure à notre faiblesse, et triomphant de la destruction!

CUVILLIER-FLEURY.

ÉPITAPHES

HIC JACET

MARIA-CAROLA-AUGUSTA BORBONIA

DUCIS AUMALII UXOR

QUÆ IN GALLIA, AFRICA, ANGLIA

OMNIUM CONJUGIS LABORUM EXILIIQUE

AMANTISSIMA COMES

IN PROSPERIS, IN ADVERSIS REBUS PARITER

CONSTANS ET MITIS

FILIA ET MATER DEVOTISSIMA

PROPINQUIS ET AMICIS DEFLENDA

TWICKENHAMII

PIE ET FORTITER ANIMAM DEO REDDIDIT

DIE DECEMBRIS VI, ANNO DOMINI M DCCC LXIX

ÆTATIS XLVII

CI GIT

MARIE-CAROLINE-AUGUSTE DE BOURBON

FEMME DU DUC D'AUMALE

EN FRANCE, EN AFRIQUE, EN ANGLETERRE

ELLE S'ASSOCIA AVEC UNE TENDRESSE INFINIE

AUX TRAVAUX, AUX ÉPREUVES

A L'EXIL DE SON MARI

DANS LE BONHEUR COMME DANS LE MALHEUR

SA FERMETÉ FUT AUSSI ÉGALE QUE DOUCE

FILLE ET MÈRE DÉVOUÉE

PLEURÉE DE SA FAMILLE ET DE SES AMIS

ELLE RENDIT SON AME A DIEU AVEC PIÉTÉ

ET COURAGE

A TWICKENHAM, LE 6 DÉCEMBRE 1869

AGÉE DE QUARANTE-SEPT ANS [1]

†

BIENHEUREUX LES MORTS

QUI MEURENT DANS LE SEIGNEUR [2]

1. Le duc d'Aumale a voulu traduire ainsi lui-même l'épitaphe latine composée pour le tombeau de la Duchesse, à Weybridge.

2. *Apoc.*, XIV, 13.

IMPRIMÉ PAR LES SOINS

DE LÉON TECHENER

LIBRAIRE

A PARIS

M DCCC LXX

IMPRIMERIE GÉNÉRALE DE CH. LAHURE
Rue de Fleurus, 9, à Paris